www.ingramcontent.com/pod-product-compliance
Lightning Source LLC
Chambersburg PA
CBHW081721220526
45468CB00008B/1933
9781795347136